*Im Sommer 1982 habe ich die
Familie Weisheit und den Circus Berlin kennengelernt.
Ich war entzückt und begeistert zu sehen,
wie schön noch heute so ein kleiner Circus sein kann.
Alfred und Liane erzählen in diesem Buch
von ihrem Leben in und mit dem Circus.
Ja, auch ich habe so angefangen
wie Alfred, Liane, Renaldo und die anderen.
München, 22. Februar 1983*

Charlie Rivel

Kinder vom Circus

*Aus dem Leben
von Alfred und Liane*

Von Thomas Klinger,
Hans Albrecht Lusznat,
Wanda Zacharias

Otto Maier Verlag
Ravensburg

Ich bin die **Liane Weisheit** vom Circus Berlin und bin zwölf Jahre alt. In unserem Programm reite ich, tanze auf dem Drahtseil, mache mit meiner Schwester Ines Akrobatik zu ebener Erde, also Parterreakrobatik, – und ich führe eine Schlange vor. Tanzen tu' ich sehr gerne. Wenn ich so überlege, ist tanzen eigentlich meine Lieblingsbeschäftigung.

Ich bin **Alfred Weisheit,** der Bruder von Liane. Ich spiele Schlagzeug, arbeite wie sie auch in der Parterreakrobatik mit und bin Clown. Neun Jahre alt bin ich.

Wenn ich so in einer Stadt spazierengehe, sagen manche Kinder: »Das ist der Junge vom Circus, der war gut!«

In unserer Familie brauchen wir jeden! Einfach jeden

Liane: Unsere Mutter Christa Weisheit stammt aus der alten Circusfamilie Frank. Unseren Circus hält sie zusammen. Sie war Seiltänzerin und immer die Beste von »die Reise«. Sie kocht und wäscht für uns. Das Wichtigste ist, was sie uns alles beigebracht hat. Jeden Tag übt sie mit uns und treibt uns an. Sie gibt uns Mut! Und wenn sie uns lobt, weil wir ein Kunststück besonders gut gemacht haben, – das ist das Schönste für uns.

Unser Vater Otto Weisheit hat den Überblick und ist viel ruhiger als wir. Manchmal ärgert er sich zwar über uns, aber richtig böse haben wir ihn noch nie erlebt. Unser Papa arbeitet im Circusprogramm mit, deshalb muß er auch proben, wie wir. Von ihm haben wir viel gelernt. Der Alfred, wie man jongliert, und ich das Seiltanzen.

Cornelia ist die Älteste von uns Geschwistern und mit dem Ramon Sperlich verheiratet. Weil die Cornelia in den letzten zwei Jahren zwei Kinder, die Sina und die Nadine, bekommen hat, arbeitet sie nur noch abwechselnd mit mir auf dem Drahtseil. Der Ramon stammt aus der Artistenfamilie Sperlich. In unserer Circuskapelle spielt er die Hammondorgel.

Die Sina ist mein Patenkind. Sie hat noch Angst vor dem Publikum. Im Sommer wollen wir mit ihr üben, damit sie auch rein kann in die Manege.

Mit dem Johnny arbeite ich zusammen auf dem Pferd. Von ihm habe ich viele Tricks für das Kunstreiten gelernt. Er macht mit dem Alfred zusammen Parterreakrobatik. Der Johnny übt viel mit uns beiden, damit wir gut sind in der Vorstellung. Und wenn er mit uns zufrieden ist, lobt er uns. Der Johnny wohnt mit unserem Bruder Hardy zusammen in einem Wohnwagen.

Mein Bruder Hardy ist auch dabei, wenn der Johnny die Pferde dressiert. Die beiden arbeiten viel zusammen. Sie bauen das Zelt auf, und die meisten Sachen, die kaputtgehen, reparieren sie selbst. Der Hardy spielt mit dem Alfred Clown. Seiltanzen kann er, und daß er Feuerspucken kann, gefällt mir am besten.

Meine Schwester Ines und ich wohnen zusammen im Wohnwagen. Sie macht die Programmansage, arbeitet am Vertikalseil und mit mir zusammen bei der Parterreakrobatik. Beim Messerwerfen steht sie am Brett. Wir verstehen uns gut, ich und die Ines. Nur, wenn ich bei unserer Zusammenarbeit mal was falsch mache, schimpft sie mich. Aber oft streiten wir uns nicht.

Der Renaldo ist unser Nesthäkchen. Wie der Renaldo auf die Welt gekommen ist, haben wir uns alle gefreut und haben zu unserer Mama gesagt: »Gib ihn mir, ich will ihn haben.« Aber mit der Zeit haben wir uns schon daran gewöhnt. Er ist vier Jahre alt. Der Renaldo will immer August spielen. Wenn er seinen Nachmittagsschlaf macht und er hört die Circusmusik, dann heult und schreit er: »Ich will auch rein.« Akrobatik zu machen versucht er auch schon.

Christa Weisheit

Otto Weisheit

Cornelia

Renaldo

Johnny

Ines

Hardy

Sina

Mit unserem Circus ziehen wir von Ort zu Ort

Alfred: Im Jahr sind wir sieben Monate unterwegs, um den Menschen Freude zu bringen. Mit dem Circus ziehen wir von Ort zu Ort. Unser Vater fährt die meisten Transporte. Wir haben 16 Wagen. Das sind Wohnwagen, Tiertransporter und Materialwagen. Weil wir nur 4 LKWs haben, müssen mein Vater und mein Bruder mehrmals fahren. Mein Vater sagt immer: »Jedem das Seine, jedem seine Sache.« Und so fährt er die meisten Transporte, während meine Brüder Johnny und Hardy auf dem neuen Platz schon das Circuszelt aufbauen.

Bevor ein Wohnwagen zum Transport angehängt wird, müssen alle zerbrechlichen Sachen wie Teller, Bilderrahmen, Vasen und Souvenirs abgeräumt werden. Wir legen alles auf Sessel und Betten, damit nichts beim Transport kaputtgeht. Auf und ab, auf- und abräumen, das ist eine lästige Arbeit, und deshalb stellen im Sommer nicht einmal die Mädchen im Wohnwagen so viel Sächelchen auf.

Am Abfahrtag sind die Liane und ich meistens in der Schule. Wenn wir zurückkommen, ist schon alles weg, bis auf den Küchenwagen. Wenn wir gegessen haben, schauen wir nach, ob auf dem Platz nichts mehr rumliegt. Wir sammeln Papier, Dosen und alle Sachen auf, die die Besucher weggeworfen haben. Das ist eine wichtige Arbeit, denn wir wollen wiederkommen, und die Einwohner sollen merken, daß wir anständige Circusleute sind.

Grüß Gott,
ich komme vom Circus Berlin

Liane: Meine Schwester Ines und ich hängen im nächsten Spielort unsere Plakate auf. Oft machen wir einen Wettbewerb, wer schneller fertig ist. Jeder fängt mit gleich viel Plakaten an. Wenn ich in ein Geschäft reinkomme, sage ich: »Grüß Gott, ich komme vom Circus Berlin und möchte fragen, ob ich bei Ihnen dieses Plakat aufhängen darf.« Manche freuen sich über das Plakat. Und wenn ich plakatieren darf, dann sag' ich: »Hier haben Sie auch ein paar tierschaupflichtige Freikarten für Ihre Kundschaft und Ihr Personal.« Ich weise darauf hin, daß tierschaupflichtige Freikarten nicht heißt, der Eintritt ist umsonst, sondern für die Tierschau müssen noch drei Mark bezahlt werden.

Viele Kinder haben keine Lust, eine Arbeit zu tun, die ihnen ihre Eltern anschaffen. Bei uns ist das anders. Der Circus gehört uns allen. Das ist unser Circus. Und – wir müssen ja auch was verdienen, damit wir und unsere Tiere leben können.

Das ist lebende Reklame

Achtung, Achtung!

Der Circus Berlin gibt heute und morgen, 15 und 20 Uhr, hier in dieser Stadt eine große Gala- und Parade-Vorstellung unter dem Motto: Menschen, Tiere, Attraktionen.
Im Zauber der Manege herrliche Tierdressuren, die Parade der grauen Giganten, eine seltsame Mischung zwischen Kamel und Dromedar – sowie Riesenpythonschlangen und Artisten Internationaler-Circus-Klasse. Kommen Sie in den Circus Berlin! Circus Berlin gastiert für Sie. Jede Vorstellung für Sie ein Genuß!

Alfred: So ruft mein Vater aus und bläst dann auf seiner Trompete La Paloma und andere Musikstücke. Da kommen die Leute und schauen auf die Tiere, die berittenen Cowboys und meinen Vater, der bekanntgibt – wie ganz früher. Das erinnert an die Gaukler. Das ist lebende Reklame. Das ist im Kommen!

Manchmal laufen uns dann die Kinder nach und wollen Freikarten haben. Sie wollen sie gegen was anderes eintauschen. Haben sie schon eine gekriegt, wollen sie noch eine, für ihre Mutter, ihren Vater, ihre Schwester – alle Verwandten! Na, auf jeden Fall, ich glaube doch, jetzt wissen alle, daß WIR da sind. Nun können wir alle Tiere wieder einladen. Auch den Iwan, das Kamel. Vor unseren Tieren habe ich keine Angst, und wenn es noch so ein großes Kamel ist. Weil – unsere Tiere, die kennen uns ja, die beißen uns nicht.

Wenn wir so mit unseren Tieren in die Stadt kommen und Circusparade machen, sagen die Leute: »Das ist ein schöner Circus, da gehen wir hin.«

Alfred, warst du schon da?

Liane: Wenn ich plakatiere, bin ich immer schon gespannt auf den neuen Platz. Treffe ich den Alfred nach der Circusparade, frage ich ihn: »Alfred, warst du schon da? Wie sieht der Platz aus? Ist es Wiese, eine schöne Wiese oder Steine?« Wenn ich dann höre »Steine«, ist das eine Enttäuschung. Dann kann ich nicht mehr so gut arbeiten, weil die Steine drücken. Wenn aber der Platz eine Wiese ist, dann freuen wir uns. Wir, weil wir besser und schöner arbeiten können, – aber auch die Tiere, die lieben es auch sehr, auf Gras zu stehen.

Mein Vater macht im voraus die Plätze aus, damit wir schon wissen, wohin unsere Reise geht. Lange voraus kann man das nie sagen, weil es beim Platzmachen viele Schwierigkeiten gibt. Oft sagen die Leute in den Ämtern: »Mit den Kleincircussen haben wir schlechte Erfahrungen gemacht. Die verlassen den Platz dreckig, lassen den ganzen Müll auf dem Platz. Und der letzte Circus hat einen toten Affen liegen lassen.« Dann sagt mein Vater: »Sie bekommen eine Kaution als Garantie, daß wir den Platz sauber verlassen.« »Nein«, sagt dann der Mann vom Amt, »wir können Sie trotzdem nicht spielen lassen, weil schon ein großer Circus angemeldet ist.«

Wenn wir auf den zugewiesenen Platz kommen, werden als allererstes das Tierzelt aufgestellt, die Tiere ausgeladen und mit Wasser und Futter versorgt. Alle unsere Wagen werden so rangiert, daß sich ein geschlossenes Viereck bildet, in dessen Mitte dann das Circuszelt oder das Chapiteau, wie wir Circusleute sagen, stehen soll.

Das Chapiteau aufbauen, das ist eine Menge Arbeit

Johnny: Das Chapiteau aufbauen, das ist meine Sache und die vom Hardy.

So stellen wir unseren Zwei-Master auf, den wir auch zu einem Vier-Mast-Zelt erweitern können: Wir legen die Mitte des Zeltes fest. Dort wird ein Pflock geschlagen. Von diesem Pflock aus wird mit einer Schnur der Radius des Zeltes gezogen und im gleichen Abstand die Eisenanker, das sind die Heringe von unserem Zelt, in den Boden gesteckt. Die Anker, ungefähr 1,20 m lang und ca. 8 kg schwer, werden eingeschlagen. Der Mastenwagen, auf dem die Masten und Planen transportiert werden, wird abgeladen. Die Mastschuhe werden gesetzt und mit zwei Ankern befestigt. Die Masten, die aus zwei Teilen bestehen, werden zusammengesteckt, in den Mastschuhen befestigt und die Rondellstangen ausgelegt. An den Masten werden die Mastseile und Flaschenzüge befestigt für: zwei Kopfringe, den Galgen, den Scheinwerferkranz, das Vertikalseil und die Schrift SUPERCIRCUS. Die Masten werden mit der Zugmaschine aufgerichtet und mit je drei Seilen verspannt. Nun wird unsere mit vielen Glühlampen besetzte Schrift SUPERCIRCUS ausgeladen, zusammengesteckt, das Lichtkabel angeschlossen und die Schrift mit dem Flaschenzug hochgezogen.

Den Namen SUPERCIRCUS haben wir von unserem Publikum bekommen. Die Leute haben immer gesagt: »Mensch, seid Ihr super!« Um ein wenig anzugehen gegen die Circusse, die sich Groß-Circus, Größte Schau der Erde mit hundert Artisten und dreihundert Tieren nennen, haben wir uns, wie es unser Publikum getan hat, SUPERCIRCUS genannt. SUPERCIRCUS bedeutet also nicht Quantität, sondern Qualität.

So geht unser Zeltaufbau weiter: Die vier Zeltplansegmente werden ausgerollt, ausgelegt und verschnürt; die Zeltplane wird am Galgen und an den zwei Kopfringen befestigt; die Rondellstangen werden schräg eingestellt und die Abseglungsstricke an den Ankern verknotet. Jetzt müssen sechs bis acht Mann unter die Plane krabbeln, und mit dem Flaschenzug – hauruck – wird das Zelt hochgezogen. Wenn es die Platzgröße erlaubt, wird zum Hochziehen die Zugmaschine, nicht Menschenkraft verwendet.

Die Abseglungsstricke werden nachgespannt und die Rondellstangen senkrecht gestellt.

Die Sturmstangen, auch Quaterpoles genannt, sowie die Inneneinrichtung des Chapiteaus wird ausgeladen. Die Sturmstangen werden eingestellt.

Viele Kinder und Jugendliche aus dem Ort sind schon da und helfen gerne mit. Die Gradins, das sind die Rundsitzbänke, werden reingetragen und montiert, außerdem viele Klappstühle. Für 800 Menschen die Sitzgelegenheiten reinschleppen und aufbauen, das ist Arbeit, da ist man froh, wenn man Hilfe kriegt.

Die Manege, unser Zentrum

Hardy: Die Manege ist rund, damit die Pferde schön laufen können. In der Manege arbeiten wir. Hier können wir von allen Plätzen aus gesehen werden, wenn wir auftreten. Wir bauen die Manege aus vierzehn Manegenkästen, die beleuchtet werden. Diese Barriere, die das Manegenrund umschließt, nennt man Piste. Um die Piste herum werden die Logenkästen aufgestellt.

Nun wird der Sattelgang gemacht. Er hat drei Teile: zwei Abdeckvorhänge links und rechts, die Frontblende und den roten Auftrittsvorhang. Das ist der Blickfang im Circuszelt. Rechts vom Satteleingang wird das Musikpodium aufgebaut und die Musikinstrumente und Verstärkeranlage aufgestellt. In den Sattelplatz werden die Requisiten für die Vorstellung gestellt: Die Puscheln, das sind die Federn, die den Pferden auf Kopf und Rücken als Schmuck aufgesetzt werden; ein Schubkarren mit Pferdegeschirren; die Stühle für die Stuhlbalance; Podeste für die Pferde; der Manegenteppich; der Korb für Lulu.

Der Strom wird verlegt und an den Aggregatwagen, der in der Nähe des Hintereinganges steht, angeschlossen. Scheinwerferkranz und Vertikalseil werden hochgezogen.

Am Rand der großen Zeltleinwand verläuft eine Kordel, in die mit Haken die Rundleinwand eingehängt wird.

Zwischen den Wagen wird mit Eisenzäunen jede Lücke abgesperrt.

Und jetzt streut der Walther, unser Tierpfleger, das Sägemehl in die Manege – und schon weht wieder Circusluft.

Überall, wo das Chapiteau steht, da sind wir zu Hause.

Man fühlt schon,
ob es eine gute Vorstellung wird

Liane: Vor der ersten Vorstellung an einem neuen Ort sind wir alle aufgeregt. Da wissen wir nicht, ob es viele Circusfreunde hat. Aber wenn wir merken, es kommen viele Leute und gucken so, dann ist es gut. Denn wenn wir viele Zuschauer haben, dann haben wir auch selbst viel mehr Freude am Spielen. Wenn die Leute reinkommen ins Zelt und sie klatschen schon bei der Musik, dann fühlt man: das wird eine gute Vorstellung!

So eine Stunde vor Beginn der Vorstellung fangen wir alle an, uns vorzubereiten.

Unsere Mutter verwandelt den Renaldo in Pierrot Lunaire, den kleinsten Clown vom Circus Berlin, in LULU. Während meine Mutter dann schon vorgeht in den Kassenwagen, um die Eintrittskarten zu verkaufen, mach' ich mich fertig. Ich ziehe mein Kostüm für die Anfangsnummer an. Jede Nummer verlangt ein besonderes Kostüm. Unsere Kostüme entwirft und schneidert meistens die Elgin. Sie ist Malerin und hat bei Wilhelm M. Busch studiert. Mir gefallen am besten die Kostüme, die so richtig an mich ranliegen. Ich finde, da sieht man meinen Körper und meine Bewegungen am besten. Schminken muß man sich unbedingt. In der Manege sieht man sonst so blaß aus im Scheinwerferlicht. Am wichtigsten sind die Lippen und die Augen. Die sollen betont sein. Ein bißchen Rouge, das ist auch notwendig. Wenn man Circus spielt, muß man schön aussehen. Ich will auch gefallen!

Ihre Eintrittskarte, bitte!

Liane: Über mein Kostüm zieh' ich mir den Bademantel und renne vor zum Eingangswagen. Eine halbe Stunde vor der Vorstellung machen wir Einlaß. Mit meiner Schwester Cornelia wechsle ich mich ab beim Programme-Verkaufen und Eintrittskarten-Einreißen. Am Einlaß stehen, das ist ein wichtiger Posten. Man glaubt nicht, was alles für Tricks versucht werden, um ohne Eintrittsgeld hereinzukommen. Da muß man schon auf alles eine Antwort wissen. Wir versuchen, die Leute aufzuklären, daß das Eintrittsgeld für die Vorstellung unsere Existenz ist.

Die Cornelia bringt zum Einlaß ihre zwei kleinen Kinder mit. Im Wagen kann sie die ja nicht alleine lassen. Das wäre nicht das Richtige. Und so schnuppern Sina und Nadine schon von Anfang an und immer: Circusluft. Und die Besucher freuen sich, wenn sie den Nachwuchs sehen. Die Leute fragen: »Ja, wie alt ist denn die Kleine, will sie auch mal Artistin werden?« Das Persönliche, die Atmosphäre, das bekommen die Zuschauer auch mit. So sehen die Besucher bei uns schon von Anfang an das Familiäre. Wir freuen uns über die Kleinsten in unserer Familie, und daß wir ein Familienbetrieb sind, – daß wir alle zusammengehören.

Die Nadine und der Renaldo freuen sich an der Circusmusik. Denn wenn wir mit dem Einlaß beginnen, sitzt der Alfred schon am Schlagzeug, mein Vater bläst Trompete, der Ramon spielt Hammondorgel, und wenn der Johnny mit dem Herrichten der Tiere fertig ist, spielt er auch mit.

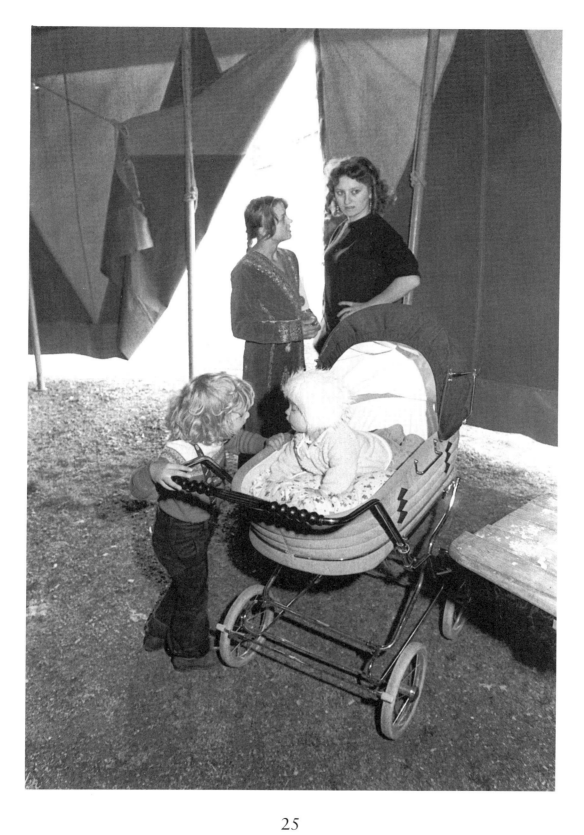

Seitdem der Alfred Schlagzeug spielt, ist er ein anderes Kind

Christa: Der Alfred war mein sechstes Kind. Er war sehr nervös, als er auf die Welt kam. Ich hätte niemals geglaubt, daß aus dem Alfred so ein Künstler wird. Er war erst drei Jahre alt, als er sich an das aufgebaute Schlagzeug setzte und einen Walzer spielte. Alle haben sich gefreut. Seit der Alfred dieses Instrument spielt, ist er ein anderes Kind geworden. Er ist ausgeglichen und ruhig. Damals haben wir gesehen: er ist ein echter Komödiant.

Alfred: Wenn ich mein Schlagzeug aufbaue, sind immer viele Kinder da, die beim Circusaufbau mithelfen. Sie fragen: »Wer spielt denn das Ding?« Ich sage: »Das spiele ich.« Dann sagen die Kinder: »Spiel' mal was vor!« Da sag' ich drauf: »Jetzt nicht. Dazu müßt ihr in die Vorstellung kommen.« Die meisten Kinder glauben nicht, daß ich Schlagzeug spielen kann. Auf unsere Kapelle bin ich stolz. Die Groß-Circusse haben meistens Konservenmusik, und wir haben eine eigene Kapelle, wir machen selbst Musik.

Liane: Circus ohne Musik? Nein, das geht nicht. Musik muß sein! Sie soll Schwung haben, damit die Leute richtig mitgehen. Ich glaube, das Allerwichtigste ist, daß es dem Publikum gefällt und daß die Menschen merken, daß wir auch Spaß an unserer Arbeit haben. Musik macht Stimmung, Musik gibt das Tempo an. Ich hab' es gerne, wenn der Alfred Schlagzeug spielt. Wenn er so richtig reinhaut und dabei lächelt. Er macht sich nichts draus und spielt einfach.

Manege frei!

Liane: Ich stehe hinter dem roten Vorhang, kurz vor meinem Auftritt. Ich denke daran, was uns unsere Mutter sagt: »Wenn ihr in die Manege geht, sollt ihr euch fühlen wie etwas ganz Besonderes. Ihr sollt euch fühlen wie ein Star!«

Je näher der Moment des Auftritts rückt, desto nervöser werde ich. Ich sag' zum Johnny: »Hoffentlich klappt heute alles« und probiere schnell noch mit ihm einen Trick aus. Dann werd' ich ganz ruhig und denke, daß ich den Leuten gefallen will. Und ich freu' mich drauf. Und ich will gut sein!

Ines:
Verehrte Gäste!

Ich begrüße Sie im Namen der Direktion und allen Mitarbeitern und heiße Sie auf das Allerherzlichste willkommen im Circus Berlin. Wir hoffen und wünschen, daß Sie heute bei uns ein paar frohe, genußreiche Stunden verbringen werden. Wir zeigen Ihnen kein Programm der Superlative, sondern bei uns entscheidet allein das Können von Mensch und Tier. Auch weiterhin werden Sie musikalisch unterhalten von unserer Circuskapelle unter der Leitung von Ramon Sperlich, sowie unserem Star am Schlagzeug ALFRED WEISHEIT! – Als erstes sehen Sie eine Blitzvoltige, geritten von den Geschwistern FRANKONI!

Die letzten Sekunden – da bleibt man einfach so stehen – da denkt man an nichts mehr. Da kommt auch schon von der Ines:

MANEGE FREI!!

Die Blitzvoltige der Frankoni

Liane: Wir, der Johnny und ich, reißen den Vorhang auf, und rein geht's mit Tempo!

DIE FRANKONI!

Diese erste Nummer ist eine Temponummer, und deswegen muß man mit Tempo reingehen. Bei dieser Nummer spring' ich zuerst zweimal rauf und runter – auf's Pferd – vom Pferd. Das ist erst mal der Anfang, damit die Zuschauer auch was sehen. Dann knie ich mit einem Bein auf dem Pferd, das andere strecke ich weg. Und schon mach' ich den Abhänger. Ich lasse mich kopfüber vom Pferd runterhängen. Dann kommt ein Kabollo vom Pferd. Kabollo ist eine Rolle vorwärts. Und wieder spring' ich auf's Pferd, und nun kommt der Johnny. Ich arbeite zusammen mit dem Johnny. Der Johnny hält mich fest, und ich mach' ein Spagafeur, das ist ein Spagahaltestand. Nun geh' ich rüber über den Johnny und mache einen Engel. Der Johnny springt runter vom Pferd, und ich mache wieder ein Kabollo vom Pferd. Die Reihenfolge von dem, was wir machen, ist immer gleich. Die weiß ich. Die muß immer gleich sein. Da muß jeder ganz präzis, ganz genau sein. Der Johnny und ich, wir sind ganz aufeinander eingespielt.

Mit dem Reiten habe ich mit sieben Jahren angefangen. Ich wollte es einfach. Zuerst war ich an der Longe. Die Longe ist ein Hilfsmittel zur Ausbildung. Lange hat es nicht gedauert, dann habe ich die Longe nicht mehr gebraucht, und ich konnte von alleine aufs Pferd springen.

Pferde, von allen Tieren die »Nummer 1« im Circus

Ines: *Aus dem Marstall des Circus Berlin präsentieren wir Ihnen jetzt eine Doppelfreiheit, dressiert und vorgeführt von HERRN DIREKTOR WEISHEIT.*

Otto: Wenn ich in der Manege meine Pferdedressuren zeige, ahnen wohl nur wenige Zuschauer, wieviel Arbeit hinter einer solchen Dressur steckt. Das Wichtigste bei der Dressur ist, daß man sich darüber im klaren ist, welche Veranlagung ein Tier hat. Unmögliches kann man nicht verlangen. Nur was in ihm steckt, kann man langsam entwickeln. Jedes einzelne Pferd muß fühlen, wenn ich mit meinen Kindern an die Dressur gehe, daß wir ausgeglichen und ruhig sind. Das Pferd muß spüren, daß wir die innere Kraft und den Willen haben, es zu erziehen. Wenn uns das Pferd vertraut, wenn es begriffen hat, daß wir es lieben – dann fügt es sich in die Dressur. Jedes Tier fühlt ganz genau, wie wir uns mit ihm freuen, wenn es etwas Neues gelernt hat. Wir loben dann das Tier, und es bekommt natürlich auch eine Belohnung. Nach zwei Jahren ist das Tier so verbunden mit dem Menschen – mit dem Menschen, mit dem es arbeitet.

Jedes Tier freut sich bei uns auf seinen Auftritt.

Parterreakrobatik der Vier Weisheits

Liane: In unserer Nummer Parterreakrobatik arbeiten der Alfred, der Johnny, die Ines und ich mit. Vor unserem Auftritt müssen wir uns weichmachen. Ich mach' das immer erst kurz vorher. Ich mache einen Spagat, eine Brücke und anderes, damit ich in der Vorstellung nicht steif bin. Mein Körper muß weich und warm sein, wie bei jedem Sportler oder Tänzer. Inzwischen wird in der Manege der Manegenteppich ausgebreitet. Der ist notwendig. Ohne Teppich würden wir uns ja schmutzig machen, und dann sieht man nicht schön aus. Der Stern in der Teppichmitte ist zugleich auch der Mittelpunkt in der Manege. Darum mache ich die meisten Figuren auf dem Stern.

Ines: *Parterreakrobatik im Tempo der Neuzeit, das zeigen Ihnen nun die VIER WEISHEITS!*

Liane: Während die Ines nach ihrer Ansage schnell rausrennt und ihr Kostüm anzieht, beginne ich mit dem Alfred. Dann arbeite ich mit Ines. Wir machen eine Fahne, die Sonne, Spagat und Bodenspringen.

Wenn ich bei der Parterreakrobatik einen Fehler mache, dann kneift die Ines, und dann kneif' ich zurück. Bei der Sonne geht das besonders gut. Da bilden unsere beiden Körper einen Kreis. Die Ines umfaßt mit ihren Händen meine Fesseln und ich die ihren. Dabei kann man gut kneifen. Da merken die Zuschauer gar nichts.

Ich mache das Bodenturnen mit der Ines, seit ich drei Jahre alt bin. Ich kann mich schon gar nicht mehr erinnern, wie das angefangen hat.

Otto: Also, Liane, das kann ich dir erzählen. Du und der Alfred, ihr habt schon ganz klein angefangen. Kaum wart ihr aus

den Windeln, nein, ich glaube schon vorher, habt ihr schon auf der Hand gestanden und Kopfstand gemacht. Zuerst haben deine älteren Geschwister die Parterreakrobatik gemacht, und dann hab' ich dich, Liane, dazugenommen. Und dann kam der Alfred dazu. Er war der erste, mit dem ich den Fahnenhandstand machen konnte.

Als ich mir vor drei Jahren den Arm gebrochen hatte, ist der Johnny für mich eingesprungen. Seither arbeitet der Johnny mit dem Alfred und hat die Parterreakrobatik unter sich. Ich finde, der Johnny hat nicht nur diese Aufgabe gut übernommen, er ist inzwischen zur Hauptperson geworden. Ich habe bewußt der Jugend Platz gemacht. Ich wäre nicht in diesem Jahrhundert geboren, wenn man sagen müßte: »Der Alte hat die Peitsche bis zum Lebensende«. Ich unterstütze meine Kinder mit Wort und Tat und höre auf die Meinungen und Ideen meiner Kinder. Wir brauchen weltoffene Menschen, Artisten, die den Kontakt zum Publikum lieben, selbstbewußte und selbständige Leute. So entwickeln sich Kinder nur, wenn man sie ernst nimmt. Ja, sie sollen selbständig werden und lernen, das Leben zu meistern. Und sie müssen begreifen, daß das Leben kein Zuckerlecken ist. Das müssen sie wissen.

Ines: *Das ist KLEIN ALFRED. Er ist neun Jahre alt, und er zeigt Ihnen nun einen sehr schwierigen Handstand, den sogenannten Fahnenhandstand. Hierbei braucht er sehr viel Kraft in den Armen und auch im Kreuz. Bitte beachten Sie diese Leistung!*

Ines: *ALFRED WEISHEIT wird nun an der Perche arbeiten. Er wird einen Handstand drücken, in einer Höhe von circa sechs Metern.*

Auch Clown spielen will gelernt sein

Hardy: Alles will gelernt sein. Gerade das Clownspielen. Oft besprechen wir uns noch, bevor wir reingehen. Bei einer Clownnummer müssen die Lacher richtig sitzen. Eine Clownnummer braucht Tempo, aber man muß den Zuschauern auch Zeit geben, zum Überlegen und Lachen. Das darf natürlich nicht so aussehen, als würde man darauf warten. Ich erkläre dem Alfred zum Beispiel, daß er das letzte Mal zu früh Trompete gespielt hat, und dadurch hatten die Leute keine Gelegenheit mehr, über mich zu lachen. Ohne daß er es wollte, hat er mir so meine Lacher weggenommen.

Manchmal kommt es natürlich auch vor, daß wir vor der Vorstellung eine Wut aufeinander haben und der eine den anderen beim Arschtreten besonders stark in den Arsch tritt. Ja, ich gebe das zu, das macht man manchmal absichtlich. Und in der Manege kann man dann nicht richtig zurücktreten, sonst merkt das das Publikum. Macht das der Alfred, dann sage ich zu ihm: »Wenn du das nochmal machst, dann kriegst du eine Watsch'n.« Dann ist für mich die Geschichte erledigt. Das gibt's bei uns nicht: langer Ärger. Weil wir uns alle gern haben, wir Circuskinder.

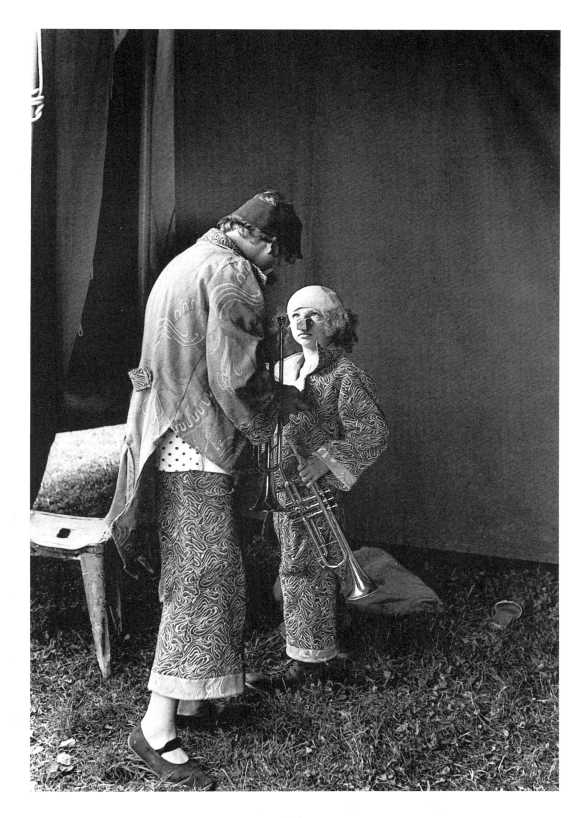

Mein Herz freut sich

Christa: Der Alfred hat eine richtige Veranlagung für's Clownspielen. Wie die großen Clowns hat er die Fähigkeit, mit allen Dingen zu spielen. Und darauf kommt es dabei an: mit alltäglichen Dingen die unsinnigsten Sachen zu machen. Spiel und Arbeit ist für Alfred schon eins. Wenn er mit Kindern draußen spielt, balanciert er zum Spaß einen Stuhl auf dem Kinn oder nimmt drei Apfelsinen und jongliert damit. Über sein tägliches Pflichttraining von einer halben Stunde hinaus, ist der Alfred ständig am Arbeiten und versucht neue Tricks. Das werden die besten Artisten, die ohne Zwang arbeiten, mit dem Bedürfnis, gute Arbeit zu leisten.

Alfred: Wenn ich hinter der Gardine, so sagen wir zum Vorhang, stehe und auf meinen Auftritt warte, da freut sich mein Herz. Ich bin richtig fröhlich und so schwunghaft. Ich freu' mich aufs Publikum und stell' mir vor, wie ich die Leute anlache, …wie ich die Leute anlache, daß sich die Leute noch mehr freuen. Ja! Da freu' ich mich drauf. Schon höre ich die Ansage von der Ines:

In einen jeden Circus gehört ein Clown. Sie erleben nun BEPPO und BANANE in einem lustigen Musical-Clown-Entrée. Wir wünschen Ihnen hiermit wieder viel Freude und Spaß!

Alfred: Zuerst komme ich mit meinem Bruder Hardy in die Manege, und mein Bruder beginnt auf dem Saxophon, unterstützt von der Kapelle, die Melodie »Granada« zu spielen. Dabei störe ich ihn immer, jongliere mit Bällen, und zur Musik tanze ich dann auf eine Frau zu. Vorher schaue ich schon immer ins Publikum und suche mir eine Frau aus, von der ich das Gefühl habe, daß sie mich mag.

Lulu. Lulu, das ist Freude

Alfred: Die Ines sagt dann, weil wir so schön gespielt haben, bekommen wir nun ein Geschenk. Der Peter trägt einen Korb in die Manege, der mit Blumen geschmückt ist. Und wir Clowns machen ganz neugierig: »Oh und ach, ist der aber schön!« – und – dann hebt der Hardy ihn heraus – UNSEREN LULU. »Oh ist der schön!«

geht's durch die Zuschauermenge. – Nun beschließen wir, zu dritt Musik zu machen.

Der Lulu spielt auf dem Tenorhorn, ich spiele Trompete und der Hardy Saxophon. Das hört sich mehr nach »Mausik« an, wie unser Lulu immer zum Musikmachen sagt.

Da kommt auch schon mein Vater als Sprechstallmeister rein. Und jetzt geht's Schlag auf Schlag:

Papa: »Meine Herrn! Das Spielen und Musizieren ist hier verboten!«

Hardy: »Was?? Sie frieren an den Pfoten?«

Papa: »Was für eine Frechheit! Ich habe nicht gesagt, ich friere an den Pfoten, ich sagte: das Spielen ist verboten.«

Hardy: »Kollege, er meint, wir spielen ohne Noten.«

Papa: »Aber Beppo! Ich meine nicht, ihr spielt ohne Noten, sondern das Spielen ist hier nicht erlaubt!«

Hardy: »Aha, Banane, man hat ihn geklaut!«

Papa: »Also, jetzt hören Sie mal zu. Mir ham'se auch nichts geklaut, sondern, wenn ihr noch ein bißchen frech seid, dann sperre ich euch vierzehn Tage in den Hühnerstall.«

Hardy: »Ha, ha! Wir legen doch keine Eier.«

Papa: »Was, so eine Frechheit! Wissen Sie was Sie sind? Sie sind ein ganz ausgemachter Schurke.«

Hardy: »Und Sie sind eine eingemachte Gurke!«

Papa: »Das Musizieren und Spielen ist hier verboten! Und übrigens sind Sie so dumm wie die Nacht...«

Hardy: »Und Sie sind am Tage nicht gescheiter.«

Papa: »Also, hören Sie zu, August: Verlassen Sie die Manege, sonst werde ich andere Saiten aufziehen.«

Mein Vater verläßt die Manege durch den Hintereingang, und der Hardy bespricht mit dem Lulu und mir, wie wir unseren Papa weiter foppen können. Der Hardy erklärt uns, daß er zuerst auf der einen Manegenseite mit dem Lulu Musik macht, und wenn unser Vater reinkommt und die beiden schimpft, hören sie zu spielen auf, und ich fange auf der anderen Manegenseite an zu spielen. Wenn jetzt mein Vater sich umdreht zu mir und auf meine Seite rübergeht, um mich zu schimpfen, dann fangen die beiden wieder an zu spielen. Hin und her, hin und her lassen wir ihn springen, unseren Papa!

Papa: »Hallo, hallo! So eine Frechheit! Sie sollen aufhören! Und du, kleiner Dachs da drüben, sollst ebenfalls aufhören! Ach! – Er spielt ja immer noch. Hallo Beppo! Ich habe doch gesagt: sofort aufhören mit diesem Lärm! Dieser Skandal ist verboten! So eine Frechheit! Sofort aufhören. Und du kleiner Zwerg! Raus mit dir! Ja, so was ist mir noch nie passiert. Rraus, rraus!«

Mein Vater geht auf den Beppo zu und droht ihm mit dem Zeigefinger und sagt dazu: »Junge, Junge!« Der Lulu droht meinem Vater ebenso mit dem Zeigefinger: »Alter, Alter!!«

Mein Papa ist ganz betroffen.

Papa: »Das schlägt ja dem Faß den Boden aus. Als Strafe werde ich dir nun dieses Tenorhorn wegnehmen.«

Der Lulu beginnt zu weinen.

Papa: »Aber lieber Lulu, weshalb weinst du denn?«

Lulu: »Du hast mir meine Mausik weggenommen!«

Papa: »Aber mein lieber Lulu! Du brauchst nicht zu weinen, nach der Vorstellung bekommst du dein Tenorhorn wieder!«

Lulu: »Das sag' ich meiner Ur-ur-ur-ur-großoma!«

Papa: »Das ist mir ganz egal, wem du das sagst. Das Tenorhorn nehme ich mit.«

Hardy: »Das wollen wir erst einmal sehen, Sie abgeleckte Speckschwarte!«

Papa: »Was! Jetzt werden Sie mal nicht unverschämt!«

Dann geht Papa raus. Da sagt der Hardy zu mir: »Der mit seine aufgeschraubte Sofabeine da! Wenn der was will, hau' ich ihm eine vor'n Bahnhof, damit ihm sämtliche Gesichtszüge entgleisen! – So ein alter Teddybär! – Aber ich spiele jetzt ein wunderbares Lied und zwar: Wer hat meiner Omama die Ölsardine ins Hemd genagelt, auf der Melodei *Die zerquetschte Äppelfrau.*« Das Ganze geht so noch einige Male hin und her. Aus den Taschen unserer Kostüme ziehen wir immer neue Musikinstrumente. Kaum fangen wir damit an zu spielen, nimmt sie uns unser Papa immer wieder weg. Aber wir lassen uns immer wieder was Neues einfallen und geben nicht auf. Wir halten so lange durch, bis der Papa aufgibt und wir unser Musikstück vortragen können.

Das Spielen ist hier verboten!

Otto: Wenn ich in der Manege mit den Clowns foppe, beim Entrée »Das Spielen ist hier verboten«, denke ich immer daran: siehst du, so geht's dir, Otto! Wenn du beim Bürgermeister Platz ausmachst, da sagt der Bürgermeister: »Hier können Sie nicht spielen. Die nächsten Jahre sind unsere Plätze belegt. Da haben sich schon zwei Groß-Circusse für die Plätze angemeldet.« Bei den kleinen Gemeinden heißt es: »Unser Festplatz ist bebaut.« Oft stimmt es, daß der Festplatz der Gemeinden dem Neubau eines öffentlichen Gebäudes zum Opfer gefallen ist. Manchmal ist es auch eine Ausrede, um uns loszuwerden. – Oder der zuständige Mann schickt mich weiter: »Fragen Sie beim Bauer Maier nach, der hat einen Platz.« Während ich zum Bauern Maier unterwegs bin, ruft der Mann inzwischen an und sagt dem Bauern Maier Bescheid: »Achtung, Circus im Anmarsch! Gefahr! Feind im Anmarsch! Denk' dir eine Ausrede aus. Schick' ihn doch weiter zum Huberbauern, den ruf' ich jetzt auch gleich an.« Das mag vielleicht übertrieben klingen, aber so ist es oft wirklich. Manche Plätze zu bekommen ist mühselig und qualvoll. Unsere Existenz hängt manchmal sprichwörtlich an einem seidenen Faden. Wenn wir in vier, fünf Ortschaften nicht spielen können, bedeutet das für uns, daß wir oft eine ganze Woche lang oder mehr ohne Einnahmen sind. Fünfzig Tiere zu ernähren und vierzehn Menschen, das kostet viel Geld.

Es gibt natürlich auch Bürgermeister und Beamte und private Platzbesitzer, die sagen: »Wir freuen uns, daß ein Circus zu uns kommt. In unserer Ortschaft war seit zehn Jahren keiner mehr.« – Ja, das kommt auch mal vor. Leider sind diese guten Bürgermeister und Beamten in der Minderzahl. Beim größeren Teil muß man bitteln und betteln und muß Beweise bringen, Referenzen, daß man überall die Plätze sauber verlassen hat und so weiter…

So erfährt der kleine Circusmann nur allzuoft, daß es wenig Platz für ihn gibt und daß gar viele Male gerade hier und dort »das Spielen verboten ist«. So geht er um die Ecke, in eine andere Straße, auf einen anderen Platz. Er muß es immer wieder mit Tricks und Einfallsreichtum versuchen, und so lange versuchen, bis er einen Fleck gefunden hat, wo das Spielen nicht verboten ist – weil dort ein Mensch ist, ein Circusfreund, einer, der versteht, daß das, was wir machen, daß Circus Kunst ist.

Ich wünsche mir, daß meine Kinder es vielleicht mal besser haben, wenn das nächste Jahrhundert anfängt, daß genügend Plätze da sind und daß es eben nicht mehr heißt:

»Das Spielen ist hier verboten!«

DAS HOFFE ICH!

Halte dich mal schön fest

Ines: Meine Nummer sagt mein Vater an:

Elegante Luftspiele am Vertikalseil, das zeigt Ihnen jetzt MISS SABRINA!

Die Arbeit am Vertikalseil habe ich mit fünfzehn Jahren angefangen. Zuerst habe ich in einer geringen Höhe gelernt. Wie ich dann das erste Mal ganz rauf bin und mich mit dem Fuß in die Schlaufe gehängt und hinten runter gelassen habe – das war schon ein etwas mulmiges Gefühl. Das Schleudern am Schluß haben wir gar nicht geprobt, und so hab' ich gar nicht gewußt, wie das geht. Mein Bruder hat nur gesagt: »Jetzt hältst du dich mal schön fest.« Ich habe gefragt: »Tust du mich jetzt schleudern?« Na, ich dachte, der Johnny dreht so ein bißchen. Jetzt hat der Johnny angefangen, mich zu schleudern. Ich wußte nicht, daß ich mich hätte steif halten sollen. Meine Beine haben rumgeschlenkert. Die Cornelia hat gerufen: »Ines, die Beine steif halten!!« Aber ich konnte das gar nicht, denn durch die Fliehkraft habe ich die Beine nicht mehr zusammengekriegt. Wie der Johnny dann aufgehört hat zu schleudern, bin ich erst mal drangehangen wie halb tot und habe nur gedacht: laß bloß jetzt nicht los! Wenn du jetzt losläßt, dann stürzt du ab. Ich habe noch ein wenig gewartet, langsam meine Hand aus der Schlaufe gezogen und bin langsam runter. Bei jeder neuen Spielsaison muß ich erst ein-, zweimal hoch, bis ich wieder an die Höhe gewöhnt bin, und dann macht mir das einfach gar nichts mehr aus. Spaß macht es!

Die Stuhlbalance-Nummer

Ines: *HERR OTERO zeigt Ihnen nun einen Balanceakt mit 10 Stühlen auf seiner Kinnspitze. Bitte beachten Sie das Gewicht!*

Liane: Ja, das ist schon schwer, zehn massive Holzstühle auf der Kinnspitze zu balancieren. Da staunen die Leute auch. Und ich finde diese Nummer von meinem Vater einfach Spitze!

Pause

Liane: Gerne sehen sich die Zuschauer in der Pause unsere Tierschau an. Besonders beliebt ist das Affenmädchen Mausi. Mausi ist ein Rhesusaffe und eigentlich harmlos. Nur, wenn sie Kinder bei der Tierschau ärgern, kann's passieren, daß sie sie bei den Haaren zieht. Ich könnte kein Tier ärgern. Ich verstehe das nicht. Unsere Affen mag ich fast so gerne wie unsere Pferde.

Damit man Schwung ins Tanzen reinkriegt

Liane: Während der Pause bauen der Ramon und der Peter das Drahtseil auf. Darauf werden ich oder Cornelia laufen. Dieses Requisit muß mit sehr viel Sorgfalt aufgebaut werden. Denn wenn es schräg ist, dann kann man nicht so gut laufen. Es muß genau waagrecht sein. Wenn es schräg ist, das merkt man sofort. Da können wir uns drauf verlassen, daß die beiden da ganz genau sind. Wenn die Manege einen unebenen Boden hat, wird mit Keilen ausgeglichen. Das Seil darf auch nicht zu stramm sein, sonst läuft man wie auf einem Stahlrohr. Das Seil muß elastisch sein, damit man auch Schwung ins Tanzen reinkriegt.

Seiltanzen hat in unserer Familie Tradition!

Ines: *Wir kommen nun zur zweiten Hälfte unseres Spielprogramms. Mit Schirm, Charme und Elegance sehen Sie nun FRÄULEIN LIANE auf dem Silberdraht!*

Liane: Einmal habe ich die Ines vor der Vorstellung ziemlich geärgert. Und dann hat sie angesagt: »Mit Schirm, Charme und Elegance sehen Sie jetzt Miss Piggy (Fräulein Schweinchen!) auf dem Drahtseil.« Da habe ich fast geheult hinter dem Vorhang. Aber das hat mir nichts genutzt, ich mußte rein in die Manege. Und wie ich angefangen habe auf dem Seil Twist zu tanzen, hat die Ines angesagt: »Und nun tanzt Miss Piggy einen Twist.« Ich bin runter vom Seil und raus! Mein Zorn war aber bald vorbei. Denn wenn man zusammen lebt und arbeitet, muß man zusammenhalten.

Wie ich das Seiltanzen gelernt habe? Über ein Jahr habe ich versucht, auf dem Seil zu laufen. Nichts hat geklappt. Meine Mutter hat mir den Rat gegeben, noch zwei bis drei Jahre zu warten, bis ich das Gefühl für Balance und für das Seil bekomme. Ich habe aber nicht aufgegeben. Immer wieder hoch und wieder hoch. Innerlich habe ich immer mehr Wut bekommen. Aber vor Wut hat schon gar nichts mehr geklappt. Doch plötzlich war das Gefühl für das Seil da. Das war eine Freude! Meine Mutter hat sich mit mir gefreut. Ich habe dann sogar noch den Spagat auf dem Seil gelernt. Ein schwieriger Trick.

Bei diesem Lernen habe ich erfahren, daß man üben, üben und nochmals üben muß. Aber – man darf auch den Erfolg nicht erzwingen wollen. Es ist besser, mal ein paar

Tage auszusetzen. Im Training muß es auch Ruhepausen geben. Allerdings, das Ziel darf man nicht aus den Augen verlieren. Ausgeruht muß man es wieder versuchen. – Und so habe ich gelernt, nicht mit Zorn zu üben, sondern mit Liebe und Herz.

Wenn ich ehrlich bin, Angst vor dem Runterfallen habe ich immer noch. Einmal habe ich nämlich eine schlechte Erfahrung gemacht und mir sehr weh getan. Beim Abgang vom Seil mit dem Salto bin ich mit dem einen Fuß auf die Matte und mit dem anderen auf dem harten Boden aufgekommen. Da habe ich gedacht, der Fuß ist gebrochen. Meine Eltern sind mit mir ins Krankenhaus gefahren. Gott sei Dank, der Fuß war nur verstaucht, und mit Umschlägen war es in ein paar Tagen vorbei. Schlechte Erfahrungen vergessen und wieder sicher sein, das braucht eine lange Zeit.

Ich freue mich, daß ich diese Nummer ausüben kann, die eine lange Tradition in unserer Familie hat.

Cornelia: Das Drahtseil ist eine wacklige Sache. Wenn man selbst nicht ausgeglichen ist und keine gute innere Balance hat, dann überträgt sich das auf die Arbeit auf dem Draht, und das sieht das Publikum. Die Liane, obwohl sie noch nicht lange auf dem Drahtseil läuft, ist schon sehr sicher, wird von Tag zu Tag besser – und was das Wichtigste beim Seiltanzen ist – eleganter. An einem Tag arbeitet die Liane auf dem Drahtseil, am nächsten Tag ich. Ich glaube, das steigert schon den Ehrgeiz von uns beiden. Wenn Liane einen Trick auf dem Drahtseil macht, dann versuche ich ihn nachzumachen oder umgekehrt. Aber, daß wir Konkurrenten sind, das kann ich nicht sagen. Sie ist meine Schwester. Wir geben uns gegenseitig Ratschläge, wie man es besser machen könnte. Die Liane kommt auch oft zu mir und fragt: »Cornelia, wie machst du diesen Trick, wie machst du die Beinhaltung?« So baut man zusammen die Arbeit auf.

Cornelia: Am Ende und zum Abschluß einer jeden Nummer, nicht nur der Seiltanznummer, macht jede Artistin und jeder Artist ein Kompliment an das Publikum und nimmt den Applaus entgegen. Wenn alles gut geklappt hat, dann freut man sich. Da strahlt man gleich ganz anders ins Publikum rein. Jeder Tag ist nicht so wie der andere. Zum Beispiel nach dem Winter, wenn man lange ausgesetzt hat, muß man ganz schön wieder proben. Wenn man einmal etwas kann, dann kann man es nicht für immer. Schließlich ist das Seil kein Balken. Wenn man da einmal rauskommt aus der Übung, kann es leicht sein, daß man die Empfindung für das Gleichgewicht, die Balance, verliert und abstürzt. Dann ist das Kompliment am Schluß nicht so frei.

Ines: *Jedesmal, wenn Klein-Liane ihre Drahtseildarbietung durchgeführt hat, darf sie herumkommen bei dem verehrten Publikum, um sich eine Sonderspende einzusammeln. Es ist niemand gezwungen, etwas zu geben. Es steht jeder Person frei nach Belieben. Liane sagt auch im voraus ihr allerherzlichstes Dankeschön.*

Cornelia: Das Tellersammeln nach der Seiltanznummer hat Tradition. Es stammt aus der Zeit, in der man noch nicht im Zelt, sondern unter freiem Himmel, wie wir sagen, »Publik« spielte.

Liane: Ich geh' mit einem großen Teller rum und sammle. Wir verwenden das Geld für neue Kostüme und Requisiten. Da geben die Leute gerne was dafür.

Im Land von Tausend-und-einer-Nacht

Ines: Nun erklingt indische Musik, und zuerst kommt das Kamel rein. Da tun sich die Leute gut freuen, weil das ein fremdartiges Tier ist. Nun betritt mein Bruder Hardy die Manege. Ich sage an:

Versetzen Sie sich mal in ein ganz anderes Land, in das Land von Tausend-und-einer-Nacht! Sie sehen nun CARACAS, den Feuerspucker. Er will für Sie eine Flamme bis unter die Circuskuppel spucken. Sein Vorgänger Abdel Hasan verbrannte sich dabei das Gesicht. Bravo CARACAS!

Alfred: Mein Bruder, der Hardy, hat das Feuerspucken von einem anderen Artisten, dem Stefano, gelernt. Oder besser gesagt, er hat es abgeguckt. Denn fast kein Feuerfresser oder Zauberkünstler möchte seinen Trick verraten. Der Stefano hat dem Hardy also auch nicht verraten, wie er es macht, und vor allen Dingen, was für eine Mischung er nimmt. So hat der Hardy lange probiert, um die richtige Flüssigkeit für das Feuerspucken rauszufinden. Petroleum, sagt er, ist nicht explosiv genug. Da geht die Flamme nicht bis unter die Circuskuppel hoch. Der Hardy hat sich am Anfang viel verbrannt. Aber jetzt hat er den Trick raus. Er weiß genau, wie er die Flamme hochschießen muß, damit sie nicht zurückschlägt. Wenn er der Flamme auch nur die geringste Chance gibt, daß sie zurückschlagen kann, wenn noch nicht alle Flüssigkeit aus seinem Mund draußen ist, dann passiert's: er verbrennt sich den Mund. – Ja, wenn der Hardy Feuer spuckt, da staunt das Publikum. Wie er das macht, das möchte jeder gerne wissen. Aber, auch der Hardy verrät es nicht. Nicht mal mir!

Man darf keine Angst haben

Liane: Jetzt komme ich in die Manege, führe meine Schlange vor und mache einen Bauchtanz. Das ist mir die liebste von meinen Nummern. Tanzen ist für mich romantisch. Beim Bauchtanz merke ich ganz besonders stark, daß ich einen Körper hab! Ich muß alles bewegen: die Hände, die Füße, den Bauch – alles. Man spürt den ganzen Körper. Meine Schlange wird vom Peter hereingebracht, und ich führe sie vor.

Diese Schlange ist eine Tigerpython. Sie kommt in Südostasien vor, besonders in Indien. Viele Menschen haben vor Schlangen Angst, denn eine Schlange ist ein gefährliches Tier. Viele Menschen hassen Schlangen. Bei mir ist das nicht so. Ich habe eine Beziehung zu meiner Schlange. Wenn ich die Schlange hassen würde, würde sie es merken. Und wenn ich Angst hätte, würde die Schlange das auch merken und würde mich vielleicht angreifen. Man darf keine Angst haben. So merkt die Schlange, daß ich eine gute Beziehung zu ihr habe und daß ich sie gern habe. Deshalb tut mir die Schlange nichts. Manchmal wird die Schlange ein bißchen unruhig, wenn sie sich häutet oder wenn die Tierschaubesucher an die Scheibe ihres Terrariums klopfen. Da wird sie aggressiv. Deshalb muß ich das Terrarium immer abdecken. Im Terrarium hängt eine Infrarotlampe. Schlangen gehören zu den Reptilien. Wie alle Reptilien sind die Schlangen wechselwarm. Wie viele Tiere, gehört auch die Tigerpython zu den auf der Welt bedrohten Tierarten.

Risiko gehört zu unserem Beruf

Ines: *Lassowerfen und Messerwerfen auf lebende Zielscheiben, das zeigen Ihnen nun DIE VIER WALENDAS. Manege frei, für DIE WALENDAS.*
Eh! Hoppla!

Liane: Ich hab' meine Mutter gefragt, wann ich mich mal ans Brett stellen darf. Ich möchte diese Arbeit gerne tun. Ich finde es aufregend! Und bei meinen Brüdern Johnny und Hardy habe ich auch keine Angst. Meine Mutter hat gesagt: »Du bist noch zu klein. Da beschweren sich die Zuschauer.« Meine großen Schwestern, die machen da mit. Wenn ich das richtige Alter habe, dann stelle ich mich auch ran. Vor so was hab' ich keine Angst. Man muß zwar immer damit rechnen, daß sie einen doch treffen, aber Risiko gehört zu unserem Beruf.

Alles, was einen Anfang hat, hat auch ein Ende.
Dies war nun der Schluß unserer heutigen Vorstellung.

Schule muß es geben

Alfred: Wenn wir auf Reise sind, müssen wir natürlich auch in die Schule gehen wie andere Kinder. Wir sind das gewöhnt, jede Woche in eine andere Schule zu gehen. Andere Kinder, glaube ich, können sich das gar nicht vorstellen. Für uns ist das schon oft schwer, in der Schule mitzukommen. Was wir in der Saison versäumen, müssen wir im Winter nachholen. Trotzdem lernen wir auch im Sommer was. Schule muß es geben.

Wenn wir in eine neue Schule kommen, dann gucken wir uns erst mal um. Wir gehen zum Rektor. Beim Laufen durch die kahlen Gänge sagen wir oft zueinander: »Hoffentlich kriegen wir keinen strengen Lehrer.« Manchmal sag' ich zur Liane: »Schon wieder Schule! Heut machen wir was vor.« In der Klasse spielen wir verschiedene Clownnummern und eine ganze Parterrenummer vor. Die Kinder freuen sich, und für uns ist die Schule kürzer.

Wir haben beide ein Schulbuch. Da steht drin, wo wir in die Schule gegangen sind und wann. Was wir gelernt haben, steht nicht drin.

Manchmal merken wir es schon in der Schule, daß einige Kinder Vorurteile gegen uns Circuskinder haben. Es kommt vor, daß sie uns Zigeuner schimpfen. Für mich ist Zigeuner kein Schimpfwort. Für mich hat das die gleiche Bedeutung wie Bayer, Hesse oder Rheinländer. Es kommt auch vor, daß uns Kinder schlagen wollen. Dann wehren wir uns natürlich. Ich glaube, daß diese Kinder nicht verstehen, daß wir anders leben wie sie.

Kommt ihr wieder?

Alfred: Wenn wir einige Tage an einem Ort waren, wird auf dem Platz wieder alles abgebaut, eingeladen und weggefahren. Wie ich schon erzählt habe, erleben wir das nicht so oft mit, denn wir sind zu dieser Zeit in der Schule.

Wenn wir weiterziehen, freu' ich mich auf den nächsten Ort. Ich finde es lustig, wenn man von einem Ort zum anderen zieht. Man lernt neue Kinder kennen. Die Kinder vom alten Platz sagen: »Ach, ihr fahrt weg, kommt ihr nächstes Jahr wieder?« Dann sagen wir: »Wissen wir nicht so genau, ob wir wiederkommen.« Und dann sagen wir: »Vielleicht.« Manche Kinder sind richtig traurig beim Abschiednehmen. Doch wir wissen, auf dem neuen Platz sind auch schon Kinder, die sich freuen, wenn wir kommen.

Ich muß im Circus sein

Liane: Ein anderes Leben wie ich es habe, kann ich mir gar nicht vorstellen. Wenn es uns an einem Ort nicht gefällt, dann fahren wir woandershin, wo wir glauben, daß wir unser Glück finden.

Auch wenn ich groß bin, möchte ich im Circus bleiben. Wenn ich einmal heirate und dieser Mann hat selbst einen Circus und kann nicht kommen, dann muß ich mitgehen, das ist ja klar. Mir wäre aber lieber, wenn einer kommen würde, der mit zu meiner Familie kommt. Ich möchte bleiben, weil ich alle sehr gern habe. Einen Privatmann würde ich nur heiraten, wenn er auch mit zum Circus kommt. Ich glaube, ich täte das Leben in einem Haus nie aushalten. Ich kann es mir jedenfalls nicht vorstellen. Ich muß im Circus sein! Wenn ich das Chapiteau nicht sehe, dann komme ich mir verlassen vor. Richtig verlassen!

Ich kann gut verstehen, daß ein Kind, das immer in einem Haus wohnt, sich nicht vorstellen kann, in so einem Wohnwagen zu leben. Es käme ihm alles zu eng vor. Aber ich bin hier drinnen im Wohnwagen geboren und könnte mir gar nicht vorstellen, so privat zu leben.

Das Chapiteau und unsere Circusstadt, das ist mein Zuhause. Wir kommen an einen Ort. Dann ist da zuerst ein freier, leerer Platz. Da ist gar nichts. Und dann wird das Zelt aufgebaut. Schon ist wieder Circusschwung drin, dann weht Circusluft. Wir fühlen uns frei und sind überall zu Hause, wo das Chapiteau steht.

Am Rande - außerhalb

Christa: Manchmal glaube ich, wir leben noch im Mittelalter. Damals durften die Gaukler und Komödianten, das ganze fahrende Volk, auch nicht in die Stadtumfriedung. Sie mußten vor den Toren der Stadt spielen. Aber damals wie heute haben sich die kleinen Leute auf unsere Darbietungen gefreut. – Manchmal müssen wir lachen. Wenn wir so hart arbeiten, um den Circus aufzubauen, kommen die Leute und fragen: »Wo sind denn eure Artisten?« Dann sagen wir: »Die kommen später.« Wenn die Zuschauer uns in der Manege arbeiten sehen, können sie's oft gar nicht glauben. Sie sind überrascht und bewundern uns. Sie bewundern meine Kinder, von denen jedes an seinem Platz steht und mit Begeisterung dabei ist.

Unsere Arbeit hat viel mit Spiel zu tun

Otto: Wenn keine Vorstellung ist, ist unser Zelt das Wohnzimmer. Oft spielen die Kinder in der Manege. Sie machen Purzelbäume und komische Figuren. Die Kinder können so oft zwei Stunden miteinander spielen und lernen viel dabei. Manchmal mehr, wie wenn ich mit ihnen 15 Minuten trainiere. Unsere Arbeit hat sehr viel mit Spiel zu tun. Spiel und Ernst liegen nahe beisammen. Es kommt darauf an, das Spielerische bei unseren Kindern zu fördern. Wir sind keine Leistungssportler, die es bringen müssen, die ein Mindesttraining von sieben, acht Stunden am Tag haben. So eine Arbeit macht den Menschen kaputt. Wir arbeiten auch hart, aber wir sind vielseitig. Dadurch ist unsere Arbeit nicht schlimm. Man kann hart arbeiten, aber wenn man sich nur auf eine Sache spezialisiert, das macht den Körper kaputt. Man darf sich nicht zu sehr verausgaben und auf seinem eigenen Körper herumtrampeln.

Meinen Erfolg beim Training mit meinen Kindern führe ich darauf zurück, daß sie mich mögen. Ich habe früher von meinem Vater und meiner Mutter gelernt. Ich habe meine Eltern bewundert, so wie heute unsere Kinder uns bewundern. Das gibt einem Kind Auftrieb, mal so zu werden wie sein Papa oder wie seine Mama. Eltern sollten ein Gespür haben für die Veranlagung ihrer Kinder. Wenn ich fühle, daß es ein Kind auf dem einen oder anderen Gebiet bringt, dann fange ich an, es darin zu fördern. Ich und alle anderen, wir freuen uns dann gemeinsam über jeden Fortschritt.

Man muß dran bleiben,
sonst lernt man nichts

Alfred: Manche Kinder, die wir auf den Plätzen kennenlernen, die wissen nicht so richtig, was sie tun sollen. Ich weiß immer, was ich tun soll. Mir wird es niemals langweilig. Entweder geh' ich und helfe meinen Brüdern im Stall, oder ich mache Musik. Der Johnny lernt mir gerade, wie man Hammondorgel spielt. Dann übe ich auch viel meine Handstände, damit ich bei den Vorstellungen korrekt arbeite. Man muß schon was vorweisen können, damit die Leute unser Circusprogramm schön finden und applaudieren. Und wenn man so Applaus kriegt, dann übt man auch wieder mit noch mehr Freude. Man fühlt sich nicht als jemand, der so ganz einsam was macht. Wenn die Leute so richtig klatschen, wenn sie so richtig begeistert sind, dann bringt

man schon in der Vorstellung noch mehr Schwung rein. Auch das Üben fällt einem leichter. Wenn ich beim Üben mal wirklich nicht weiterkomme, dann hilft mir schon der Johnny oder mein Vater und vor allem meine Mutter. Sie gibt uns immer wieder Mut: »Alfred, versuch's nur immer wieder, du schaffst es schon.« Es ist mir auch noch nie passiert, daß ich aufgegeben habe, bevor ich einen Trick konnte. Wenn man nicht dran bleibt, wenn man aufgibt, dann kann man nie was lernen.

Mein kleiner Bruder, der Renaldo, schaut mir oft beim Üben zu. Er will genau wissen, wie man dies und das macht. Dann rennt er zu meiner Mutter und sagt: »Ich will auch Handstand machen!« Meine Mutter hilft ihm dann und sagt ihm, auf was er achten muß. Und schon ist die kleine Tochter meiner Schwester Cornelia, die Sina, dabei und schaut zu. Und bald wird sie genauso anfangen, wie wir Circuskinder alle.

Was wir Kinder uns alle so sehr wünschen

Alfred: Der Renaldo hat zu seinem Geburtstag einen Circus geschenkt bekommen. Seither fährt noch ein Circus im Circus mit: das Lieblingsspielzeug vom Renaldo. Er beschäftigt sich damit stundenlang und ist dabei glücklich. Wenn jemand von unserer Familie mit ihm spielt, freut er sich noch mehr. Ja, nicht nur ich, sogar mein Papa, wir spielen gerne mit Renaldo Circus. Er lernt dabei viel vom Circusgeschäft: er lernt wie das Chapiteau aufgebaut wird, er macht den Circusdirektor und die Programmansage: »Hier sehen Sie den Elefantenbullen Schenka mit seinem Dompteur Rani.« Wir haben in unserem Circus keinen Elefanten. Noch keinen Elefanten. Aber wir wünschen uns alle so sehr einen Elefanten, einen jungen Elefanten.

Die Tiere sind unsere Partner

Johnny: Viele Leute halten sich ein Tier, weil sie keinen Menschen haben, mit dem sie sprechen und umgehen können. Bei uns ist das nicht so. In den Circus gehören Tiere. Wir brauchen sie. Sie sind unsere Partner. Man muß ihnen zeigen, daß man sie gern hat. Zu den Pferden, die ich gerade in Dressur habe, gehe ich im Stall noch öfter hin wie zu den anderen. Ich klopf' sie ab, heb' ihnen die Beine hoch und spreche mit ihnen. Sie müssen wissen, daß ich es gut mit ihnen meine. Wenn wir den Walther, unseren Tierpfleger, zum Essen rufen, sagt er oft: »Ich mach' noch schnell die Tiere fertig. Zuerst kommen die Tiere und dann die Menschen. Denn die Tiere können nichts sagen.«

Bei uns kommen viele Tiere zur Welt. Weil's den Tieren gutgeht, vermehren sie sich auch. So eine Tiergeburt kann sehr spannend und aufregend sein. Die Geburt von dem kleinen Pferdefohlen war schwierig. Wenn ein Tier geboren wird, kommt wie bei einer Menschengeburt als erstes der Kopf. Bei dieser Geburt war die Fruchtblase nicht geplatzt. Da hatten wir Angst, daß das Fohlen erstickt. Wir haben dann mitgeholfen, das Fohlen rauszuziehen. Wie die Mutter-Stute gefohlt hat, war gerade Vorstellungspause. Wir haben die Zuschauer gebeten, sitzen zu bleiben und Geduld zu haben, bis wir das Fohlen geholt haben. Die Leute hatten da auch großes Verständnis und haben sich mit uns über das Neugeborene gefreut. »Mei, is des liab«, haben sie gesagt.

Circusleute müssen so sein!

Liane: Der Küchenwagen ist unser Treffpunkt. Wo's was zu essen gibt, sind doch immer alle. Den Küchenwagen haben wir auch ziemlich komfortabel hergerichtet. In der Einbauküche haben wir sogar eine Spülmaschine. Meine Mutter muß fast immer für 10–14 Personen kochen. Da fällt schon Geschirr an. – Wenn ich Zeit habe, helfe ich, schneide Gemüse, kleinere Sachen kann ich auch kochen.

Wenn wir auf einen Platz kommen, müssen meine Brüder schauen, daß als erstes Strom und Wasser herkommen.

Früher mußte meine Mutter auch bei Eis und Schnee die Wäsche vor dem Wohnwagen waschen. Jetzt haben wir es Gott sei Dank leichter. Wir haben eine Waschmaschine, sie steht neben dem Küchenwagen.

Im Küchenwagen ist manchmal ein Riesenlärm, weil alle durcheinanderschreien und rufen. Die einen müssen unbedingt was singen. Der Alfred probt Handstand. Die Kleinen spielen. Meine großen Brüder müssen ausgerechnet da ihre Kräfte messen. Also da geht's manchmal richtig zu. Aber das gefällt mir. Ich denke: Circusleute müssen so sein.

Alfred: Ich und der Renaldo, wir wohnen im Kinderabteil hinter der Küche. Wenn vorn auch noch so großer Krach ist, der Renaldo kann schlafen. Hauptsache, er ist überall dabei, auch wenn er schläft.

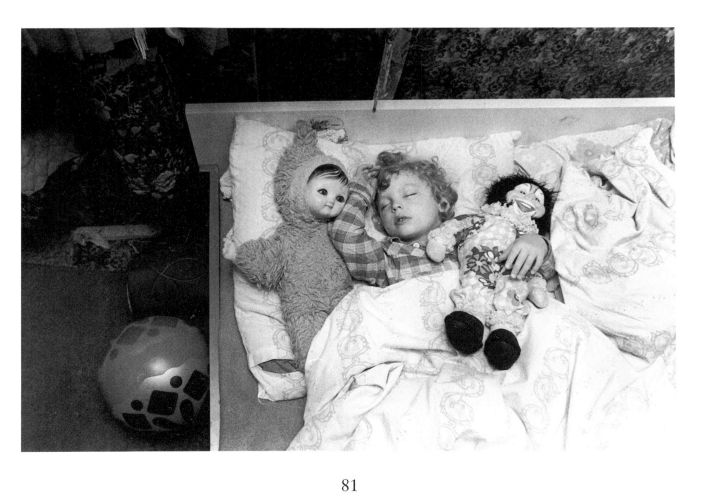

Die Familie ist für uns das Wichtigste

Liane: Im Küchenwagen setzen wir uns gemeinsam an den Tisch und reden, wenn es Probleme gibt. Wir reden gemeinsam darüber, wo die Reise hingehen soll, darüber reden wir am meisten. Bei den Gesprächen hören wir viel auf meine Mutter. Unsere Mutter, die ist der Motor vom Circus. Der Papa sagt, sie ist die Schirmherrin. Sie hat viele Ideen, die uns oft weiterhelfen. Wenn unsere Mutter eine neue Idee hat, dann hören wir alle zu.

Christa: Wieviel die Menschen einer Familie füreinander übrig haben, sieht man am besten, wenn einer krank wird und der andere muß für ihn sorgen. Wenn bei uns einer krank ist, helfen wir ihm gerne. Wir springen für ihn im Programm ein und übernehmen die Arbeit, die er sonst macht. Wenn einer von unserer Familie sich verletzen würde, so daß er nicht mehr arbeiten könnte, wir sind für ihn da. Wir würden ihm helfen, wieder eine sinnvolle Arbeit zu bekommen, damit er das Gefühl hat, gebraucht zu werden und daß es ohne ihn nicht geht. Jeder ist für den anderen da und jeder packt zu, ob beim Zeltaufbau, beim Training, in der Manege oder im Haushalt. Jedes von meinen Kindern vom Renaldo bis zur Cornelia weiß, daß es gebraucht wird.

Otto: Die Familie ist für mich das Wichtigste. Ich möchte lieber sterben, als von meiner Familie getrennt werden. Bei einem Unglücksfall würde ich versuchen, alle zu retten, auch wenn ich unterginge. Ich würde so lange für meine Familie da sein, bis sie in Sicherheit wäre.

Wir feiern ein großes Familienfest

Liane: Im Sommer haben wir ein großes Familienfest gefeiert. Wie es sich für Circusleute gehört, in der Manege. Sina und Nadine sind getauft worden, und der Renaldo hatte seinen vierten Geburtstag. Ich war die Patin von meiner Nichte Sina. Der Herr Pfarrer hat gut gesprochen. Er hat gesagt, daß es schön ist, daß so viele Kinder da sind in unserer Familie und daß Kinder zum Circus gehören. – Der Renaldo hat eine riesengroße Torte geschenkt bekommen, mit vier Kerzen drauf. Und nach dem Essen haben wir in der Manege getanzt. Meine drei Brüder und der Papa haben die Musik gemacht. – Meine Hochzeit wird auch einmal in der Manege sein. Ich habe noch keinen Freund. Dazu bin ich noch viel zu jung. Wir Circusfrauen haben im Leben nur einen Freund, und den heiraten wir. Aber noch gehöre ich mir ganz selbst.

Otto: Als wir uns bei der Taufe zu dem Familienfoto aufgestellt haben, wußten wir noch nicht, daß unser großer Erfolg im Sommer während eines Theaterfestivals, mit einer Ausweisung enden sollte. Im Sommer haben uns die Politiker als Stars angeschaut. Höchste Persönlichkeiten haben uns zu Empfängen eingeladen oder waren bei unserem großen Familienfest dabei. Als wir durch das Ausweisungsverfahren der österreichischen Behörden in große Not gerieten, waren wir keine Stars mehr. In so einer Situation erfährt man den wahren Charakter der Menschen. Mehr will ich da nicht sagen.

Im Sommer habt ihr uns Freude gegeben

Liane: Wir haben schon fast geglaubt, Österreich wird das Paradies für uns. Jeder Mensch sehnt sich nach seinem Paradies. Unser Paradies ist es, spielen zu dürfen, damit die Menschen Freude haben an unserer alten Kunst.

Aber dann kam alles ganz anders für uns. Das, was wir erlebt haben, das war nicht Paradies, das war Hölle.

Wie wir uns gerade in einem kleinen Dorf im Winterquartier eingelebt hatten, teilten uns die Behörden mit, daß wir nicht länger in Österreich bleiben dürfen. Männer von der Fremdenpolizei kamen und haben gesagt, was wir alles nicht richtig machen würden. Ich hab' mich gar nicht mehr ausgekannt, was die alles interessiert hat: Vom Dach des Bauernhofes, wo wir im Winterquartier standen, könne der Schnee auf unsere Wohnwagen rutschen; das Klo auf dem Hof sei für so viele Personen nicht ausreichend; wir hätten ohne Genehmigung in der Stadt Salzburg einen Bären herumgeführt... Von allen Sachen, die beanstandet wurden, kann ich mir nicht vorstellen, daß man die nicht tun darf oder daß die jemand anderen als uns was angehen. Wir haben doch keinem Menschen was Böses getan. Im Gegenteil. Die Leute in Salzburg haben sich gefreut, wenn wir Musik gemacht haben und Johnny seinen Bären hat tanzen lassen. Viele Menschen fanden, das sei wie früher vor hundert oder zweihundert Jahren. Die Salzburger haben gerne was gegeben. Viele haben gesagt: »Im Sommer habt ihr so viel Freude mit dem Circus gegeben, da helfen wir auch mit, daß ihr über den Winter kommt.«

Haut ab, geht weg!

Liane: Ich glaube, die Behörden wollten uns los haben. Sie hatten Angst, daß wir mit unserem Geld nicht über den Winter kommen. Was aber können meine Eltern dafür, daß sie einen großen Teil der Gage für das Engagement beim Theaterfestival nicht bekommen haben? Ja, daß wir beim österreichischen Staat um Unterstützung bitten, davor haben sie Angst gehabt. Meine Eltern haben versichert, daß wir keine Unterstützung brauchen, aber daß wir um Engagements in Kindergärten, Schulen, Altersheimen bitten. Da haben die Menschen auf den Behörden gesagt, dafür seien sie nicht zuständig, das würde sie nichts angehen. Sie würde nur angehen, daß wir gebettelt hätten, und das sei in Österreich verboten. In der Schule haben viele Kinder dem Alfred und mir ins Gesicht gesagt, daß sie und ihre Eltern froh sind, wenn wir weg sind, und daß der Bürgermeister schon recht habe. Und überhaupt hätten die Gemeinde und der Staat Österreich für solche Leute, wie wir welche sind, kein Geld.

Nur die meisten Mädchen haben in der Schule zu mir gehalten. Die Jungens, die haben mich immer geärgert. Ich glaube, daß manche Eltern den Kindern verboten haben, mit uns zu spielen, und über uns geschimpft haben. Das habe ich nämlich bei den Jungens gemerkt. Sie haben gesagt: »Ihr müßt ausgewiesen werden! Haut ab, geht weg!«

Das alles hat uns sehr traurig gemacht, und wir haben nicht gewußt, wie es weitergehen soll.

Für diesen Winter: Angekommen

Cornelia: Meine Eltern mußten auf viele Ämter. Sie waren in größter Sorge, daß wir und unsere Tiere ohne Quartier auf der Straße stehen. Bei Kälte und Schnee. Die Diplomaten vom deutschen Konsulat in Salzburg haben gesagt, wir seien selbst schuld, wir könnten uns mit unserer Arbeit nicht ernähren. So einen kleinen Wander- und Bettel-Circus wie uns würde es in ein paar Jahren gar nicht mehr geben.

Wir haben große Angst gehabt, daß wir zum Schluß unseren ganzen Circus und unsere Tiere verlieren. Einen Tag nach den Weihnachtsfeiertagen haben unsere Eltern gesagt: »Wir müssen raus aus Österreich.« Beamte kamen mit großen LKWs und haben uns abtransportiert, über die Grenze nach Freilassing. Die deutschen Grenzpolizeibeamten haben gesagt, wir dürften den Platz nicht verlassen. Ein Mann hat gesagt, wenn wir abhauen würden, dann würden unsere Tiere erschossen. Das sei Anordnung vom Ministerium.

Auf dem Platz, wo uns die Polizei hingefahren hat, gab es kein Wasser und keinen Strom. Die Tiere brüllten vor Durst. Sina und Nadine schrien vor Hunger. Es war sehr kalt. Als wir einen der Polizisten fragten, wie sie sich das vorstellen würden, sagte er, das ginge sie nichts an, sie würden nur Befehle ausführen. Meine Brüder und mein Mann Ramon fuhren los, um einen Platz zu suchen, mit Strom- und Wasseranschluß. Sie hatten großes Glück. Um neun Uhr nachts gab uns ein Privatmann einen Platz. Eine Dame hat uns ihre alte Fabrikhalle zur Verfügung gestellt. Dort konnten wir unsere Tiere unterbringen.

Für diesen Winter waren wir also angekommen.

Wir sind halt echte Komödianten

Alfred: Wie sie bei den Behörden gemerkt haben, daß uns viele Circusfreunde helfen, war wieder Ruhe.

Meine Brüder haben in der Fabrikhalle eine Manege aufgebaut. Dort konnten sie mit den Pferden arbeiten. Ich und die Liane, wir haben neue Nummern einstudiert. Der Papa hat Engagements ausgemacht bei Gemeindefesten, Faschingsveranstaltungen und Altennachmittagen.

Ich und meine Geschwister brauchen nicht unbedingt eine Manege. Wir können auch in einem ganz kleinen Raum spielen. Und unsere Musik, die können wir einfach überall machen. Wir sind halt seit vielen Generationen echte Komödianten.

Das Wetter ist so frühlingshaft

Alle Sachen selber machen

Alfred: Im Winterquartier muß man den ganzen Circus wieder herrichten. Der Johnny, der Hardy und mein Papa, die machen das. Sie überholen die Zugmaschinen, die Zeltleinwand, die Inneneinrichtung vom Circuszelt. Die können sogar die Eisenzäune selber schweißen, machen Aufbauten für die Wagen, und für den Hintereingang haben sie eine neue Fassade gebaut. Für ganz spezielle Sachen brauchen sie eine Werkstatt. Bremsendienst, Zylinderschleifen oder auch mal Motorauswechseln, das können sie nicht alleine. Aber eine Karosserie herrichten, Fahrzeuge spritzen oder Kleinigkeiten schweißen, da brauchen die niemanden. Die sind sogar ihr eigener Hufschmied. Die können die Hufe von unseren Pferden selber auschneiden. Trotzdem sind wir froh, wenn uns mal andere Handwerker helfen. Denn wenn wir alles selber machen würden, dann bliebe uns keine Zeit mehr, Artistik zu machen und Musik einzustudieren.

Das muß die Hauptsache bleiben.

»Heimweh nach die Reise«

Alfred: Der Schnee schmilzt, das Wetter ist so richtig frühlingshaft. Da kribbelt es uns überall. Da wollen wir raus. Wir treiben uns gegenseitig an. »Wieviel Plätze hast du schon ausgemacht, Papa?« fragen wir. Alles ist neu gestrichen. Die Schecken haben ihre neue Nummer gelernt. Ich auch. Ich hab' zusammen mit dem Johnny eine Perchenummer am Trapez.

Wohin geht die Reise?

Wir haben »Heimweh nach die Reise!«

WIR FAHREN.

Alfred und Liane:
*Daß man in unserer Familie schon immer gerne Musik
gemacht hat, zeigt dieses alte Foto.
Der Mann mit Zylinder und Taktstock in der Bildmitte,
das ist unser Ur-Ur-Großvater Wilhelm Weisheit;
der zweite Mann von rechts ist unser Ur-Großvater Friedrich Weisheit;
der Dritte von links, damals als das Foto gemacht wurde,
noch ein kleiner Junge,
das ist Lorenz Weisheit, unser Opa.*

CIP-Kurztitelaufnahme der Deutschen Bibliothek
Klinger, Thomas:
Kinder vom Circus: aus d. Leben von Alfred u. Liane /
von Thomas Klinger; Hans Albrecht Lusznat;
Wanda Zacharias. – 1. Aufl. – Ravensburg: Maier, 1984.
ISBN 3-473-33391-3
NE: Lusznat, Hans Albrecht; Zacharias, Wanda;

1. Auflage 1984
© 1984 by Otto Maier Verlag Ravensburg
Printed in Germany
Layout und Umschlag: Klaus Detjen, Hamburg
Umschlagfoto: Klinger, Lusznat, Zacharias
ISBN 3-473-33391-3

Luftbildaufnahme auf Seite 71:
Freigabe vom BMLV mit Zl. 13.080/326-1.6/83.